Onde vou morar?

A vida de uma criança refugiada

Rosemary McCarney

Croácia

Algumas vezes, coisas assustadoras acontecem com pessoas boas.

Hungria

Quando soldados lutam ou o perigo chega...

...famílias têm que juntar suas coisas e procurar um lugar seguro para morar.

Líbano

Elas vão de carro...

Iraque

ou a pé…

ou correndo, na esperança de achar um lugar tranquilo.

Hungria

Mas onde *eu* vou morar?
Será no fim desta estrada...

além desta montanha…

do outro lado desta grade...

depois deste mar?

Vou morar debaixo de um tapete...

embaixo de uma escada...

Grécia

em uma barraca...

ou em uma cidade inteira de barracas?

Onde eu vou morar será quente e seco?

Ou frio e úmido?

Será que vou achar um amigo especial…

...ou vou encontrar muitos amigos?

Será que vou poder dormir no mesmo lugar todas as noites?

Será que minha cama nova será só minha?
Ou vou ter que dividir minha cama com alguém?

Jordânia

Tantas perguntas. Tantas esperanças.

Mianmar

Depois de uma viagem tão longa e de tanta espera...

...espero que alguém sorria e diga "Bem-vindo ao lar".
Espero que esse alguém seja você.